Vera Lúcia Sabongi De Rossi
Professora da Faculdade de Educação
da Universidade Estadual de Campinas (Unicamp).

GESTÃO DO PROJETO POLÍTICO-PEDAGÓGICO

Entre corações e mentes

Coordenador da coleção:
Ulisses F. Araúj

1ª edição
2ª impressão

Moderna

Moderna

COORDENAÇÃO EDITORIAL José Carlos de Castro
PREPARAÇÃO E REVISÃO DE TEXTO Lellis Assessoria Editorial
COORDENAÇÃO DE PRODUÇÃO GRÁFICA Fernando Dalto Degan
COORDENAÇÃO DE REVISÃO Estevam Vieira Lédo Jr.
EDIÇÃO DE ARTE/PROJETO GRÁFICO Ricardo Postacchini
CAPA Ricardo Postacchini
DIAGRAMAÇÃO Ricardo Yorio
SAÍDA DE FILMES Helio P. de Souza Filho, Marcio H. Kamoto
COORDENAÇÃO DE PRODUÇÃO INDUSTRIAL Wilson Aparecido Troque
IMPRESSÃO E ACABAMENTO *Bartira Gráfica e Editora Ltda.*

Dados Internacionais de Catalogação na Publicação (CIP)
(Câmara Brasileira do Livro, SP, Brasil)

De Rossi, Vera lúcia
Gestão do Projeto Político-Pedagógico : Entre corações e mentes/Vera Lúcia Sabongi De Rossi. — São Paulo: Moderna, 200. — (Coleção cotidiano escolar)

Bibliografia

1. Disciplina escolar 2. Pedagogia I. Título. II. Série

03-4802 CDD-371.58

Índices para catálogo sistemático:
1. Interdisciplina escolar: Educação 371.58

ISBN 85-16-04386-X

EDITORA MODERNA LTDA.
Rua Padre Adelino, 758 - Belenzinho
São Paulo - SP - Brasil - CEP 03303-904
Vendas e Atendimento: Tel. (0_ _11) 6090-1500
Fax (0_ _11) 6090-1501
www.moderna.com.br
2005

Impresso no Brasil

Para Tório e Nina.

(...) A liberdade é força para coexistirmos com os demais seres humanos e com a natureza, sem sermos por eles subjugados e sem precisarmos subjugá-los para viver (...) A liberdade, força para o plural simultâneo, é presença a si e aos outros sem o medo da morte recíproca.

(Marilena Chauí, 1987.)

SUMÁRIO

APRESENTAÇÃO

Neste texto, procuro tematizar as relações do Projeto Político-Pedagógico (PPP) mediado pela gestão colegiada, nos campos da organização e da cultura escolar. Por sinal, já faz algum tempo que, a partir de pesquisas que dão voz ao educador, procuro refletir sobre o tema.

Há inúmeras dificuldades enfrentadas para desarmar noções opostas àquelas com as quais operamos, na gestão da vida cotidiana, da vida acadêmica e das escolas, por vezes, mesmo sem perceber.

Um profundo mal-estar entre os educadores torna-se mais sensível nas reuniões coletivas das escolas. Inúmeras são as (auto)acusações feitas ora pelo descompromisso político com o trabalho coletivo (escola–comunidade), ora pelo excessivo zelo com a individualidade egoísta. São acusados ora de radicais e insensatos, ora de conformistas e reprodutores de ordens, leis, decretos, programas, currículos...

Acusações insensatas?

Depois das determinações "coletivas" da Lei de Diretrizes e Bases (LDB nº 9.393/96) associadas, de maneira esquisita, diga-se de passagem, à idéia de que "cada escola" deve construir "seu" PPP, as dificuldades dos diretores de escola foram tantas que o Sindicato de Especialistas de Educação do Magistério Oficial do Estado de São Paulo (Udemo) elaborou sugestões oportunas e precisas, criando a *Revista do Projeto Pedagógico.* Reeditada em outros estados brasileiros, a revista permanece merecendo inúmeros elogios, inclusive por parte do atual ministro da Educação (Udemo, *Jornal Diretor*, 2004).

Como num vôo insano, as esquisitices outorgadas se espalham e suscitam desvios e saltos sobre obstáculos de toda sorte. Em alguns países europeus, tais projetos educativos já ganharam inúmeros apelidos: "Projeto do chefe", "Projeto-plágio", "Projeto-gaveta", "Projeto- ficção", "Projeto-cerimônia"...

Parece que ninguém dá trégua!

Acontece que quando os educadores se vêem num beco sem saída, vulneráveis aos conflitos e aos sentimentos de hostilidade, tendem a recuar ora para o reino da intimidade individualista, ora para o reino da coletividade, em busca do aconchego do grupo, ao qual fazem juramento de lealdade coletiva. Pior ainda: as esferas do público são vivenciadas como fonte de sofrimento, humilhações e derrotas (sem faltar os refrões "emocionalistas" da mídia, que pesam muito, é claro!).

Como caracterizar este quadro dos "assédios coletivos" ("nós *versus* eu") no contexto da gestão do PPP nas escolas atuais? Quais os seus principais obstáculos e suas reais possibilidades? Por que se formalizou a modelagem de corações e mentes pela via da escola? Afinal, quem afinou o diapasão e regeu o coro dos educadores descontentes?

Pretendo ficar com os estudiosos do tema que tratam os conceitos como problemas (e vice-versa), que entendem as determinações econômicas e os conflitos de interesses e de valores como pressupostos de nossa cultura. Trata-se de considerar o processo histórico, identitário, descontínuo e tortuoso, de construção dos PPPs em torno do duplo impulso de regulação e de emancipação de acordo com as situações dadas, em tempos e espaços específicos.

Isso não quer dizer falha, defeito ou ignorância. Trata-se de apostar que a criação infiltra-se por toda parte — nas festas, nas ruas, nas casas, nas escolas —, entre todos aqueles que não ficaram cegos, que conseguem inventar-se e mediatizar a atividade coletiva (De Certeau, 1995). Certamente, esse é um outro jeito de dizer que há certas acusações insensatas feitas aos educadores.

Minha tênue suspeita é de que esta via privilegiada de acesso à escola pode contribuir para ampliar nossa compreensão em torno das contradições internas e externas enfrentadas (com muito mal-estar) pelos educadores, para maturar o processo decisório da gestão dos PPPs, comprometidos com os ideais de (auto)emancipação, de democracia e de transformação social.

Ingenuidade?

Nas versões oficiais da realidade, sim. Mas prefiro pensar que são apenas sonhos e utopias no campo de lutas pela educação pública. Campo sempre tão árduo e tão difícil, por ter sido tão negligenciado por políticas públicas sociais, durante tanto tempo.

Para que esta leitura fluísse melhor, o texto foi subdividido em três partes.

Na primeira, pretendo apresentar os principais conceitos que envolvem o PPP mediado pela gestão escolar das últimas décadas, (pouco antes e pouco depois da atual LDB) e refletir acerca dos limites dos projetos reguladores e das possibilidades dos emancipadores. Na segunda, procuro refletir sobre as raízes históricas da estratégia de Gestão de Corações e Mentes, formalizada desde a modernidade com a junção do projeto pedagógico ao político. Em seguida, apresento os limites da organização burocrática e as possibilidades da organização cultural da escola. Na terceira parte, faço um alinhavo do tema.

Deixo, no final, algumas pistas diferentes das apresentadas no texto e questões para aquecer o processo de discussão nas escolas.

Escrevi este pequeno texto para conversar com educadores (professores, supervisores de ensino, diretores e vice-diretores, assistentes e coordenadores pedagógicos) e pais de alunos. Falo também de dentro do cotidiano das escolas e das delegacias de ensino, locais em que passei muitos anos de minha vida. Sei bem o que é uma sala de aula com alunos, ora em tumulto (esse tempo é sempre maior), ora em silêncio. Vivenciei muito das coisas que tocam fundo a alma dos educadores. Aprendi onde moram suas dificuldades materiais, seu fardo, sua tristeza. Aprendi, também, que não existe hierarquia entre corpo e alma quando mergulham fundo no trabalho, mesmo que por um tempo efêmero. Imaginação, fantasias, pensamentos correm soltos. Quem já sentiu, sabe.

1. GESTÃO DO PROJETO POLÍTICO-PEDAGÓGICO

Boas lembranças.

Graças aos movimentos sociais, sentimos arrefecer um pouco a tensão dos anos de chumbo, a despeito das proibições cegas. A Constituição de 1988 trouxe, pela primeira vez, em seu capítulo dedicado à educação, a gestão democrática do sistema de ensino público como princípio norteador da igualdade de condições de acesso à escola e garantia do padrão de qualidade.

A nova lei de educação (LDB nº 9.393/96) regulamentou a gestão democrática das escolas públicas e, pela primeira vez, levou a cabo uma nova periodização, em relação aos PPPs, ou seja, transformou-os em instrumento de inteligibilidade de uma mudança significativa. Por sua vez, legitimada na base de imperativos de modernização e de reforma educativa, a lei pode comprometer a ação política e pedagógica inerente a ambos.

Por não consagrar o sistema nacional de educação (um projeto articulado, unitário e orgânico de educação), a LDB mantém a fragmentação do PPP sem fazer alusão à perspectiva mais ampla — seu caráter público, democrático, de inclusão social. O PPP passa, então, a constituir-se como aquisição natural, decorrente da existência de uma suposta comunidade educativa, e não como uma construção sociopolítica resultante de uma luta com perspectivas, interesses, valores e ideais emancipadores (Melo, 2001, pp. 243-9).

É possível dizer que os PPPs comportam conflitos de valores (várias visões de mundo, crenças, afetos e significados), dada a diversidade dos atores envolvidos. Mas, em síntese, é possível dizer também que os PPPs comportam conflitos de interesses (de grupos, classes) que emanam basicamente de duas lógicas distintas e conflitivas: a reguladora e a emancipadora.

Há projetos reguladores concebidos como instrumento de controle por políticas públicas assentadas na lógica empresarial e que correspondem à economia competitiva de mercado, viabilizados por estratégias operacionais advindas de vários centros de decisão (Veiga, 2001, p. 55). A noção de projeto regulador está a serviço de uma nova concepção de planejamento estratégico, que valoriza mais o produto do que o processo, desarticula a existência dos conflitos, por meio de novas formas de alinhamento, parte de uma retórica gerencialista e de discursos político-normativos para sustentar mudanças anunciadas. O mesmo se dá no caso da gestão da escola.

Analisarei, inicialmente, a gestão da escola e os PPPs assentados na lógica reguladora e, depois, a partir da lógica emancipadora, considerar uma fusão que atribui outro sentido a ambos: gestão do PPP das escolas.

Projetos reguladores

Antes da lei, uma diversidade de sentidos traduzia várias expressões e expectativas projetuais — individuais ou coletivas — de educadores, tais como: planos, atividades e programas de ação, restritos à sala de aula ou à disciplina, restritos a uma ou a várias escolas (regionais). As ênfases também eram diversas: Projetos pedagógico-curriculares, Projetos interdisciplinares, ou ainda projetos que cruzavam interesses diversos da escola–comunidade, tais como projetos de atividades esportivas e culturais, projetos comunitários, projetos de meio ambiente, projetos de alfabetização, projetos de formação etc.

Depois de 1990, o tema dos PPPs[1], não só no Brasil mas também nos contextos nacionais europeus, tem me-

[1] Em diferentes países, há nomes também diferentes, com conteúdos e objetivos muito semelhantes aos PPPs brasileiros. Por exemplo, em Portugal, chama-se Projeto Educativo da Escola (PEE); na Argentina, Projeto Educativo Institucional (PEI); na Espanha, Projeto Educativo dos Centros (PEC) etc.

recido atenção especial das reformas educativas e das imposições das leis da educação, no sentido da regulação, da operacionalização organizacional que mobiliza as organizações escolares para a concepção de um determinado produto (um documento escrito). Nem sempre foi considerado o processo histórico de lutas e de representações políticas de educadores capazes de materializar a educação democrática — caso da LDB e do Plano Nacional de Educação (PNE), elaborados por segmentos da sociedade civil organizada.

Quando não nos esquecemos de olhar também para os aspectos mais externos, nossas maneiras de olhar as políticas ficam muito diferentes.

A participação coletiva outorgada aos PPPs dos anos de 1990 parece complicada, não só no Brasil, tal como demonstra a tipificação feita por Costa (2003):

Projeto-plágio é o projeto de postura ética duvidosa, apropriado de outra organização; Projeto do chefe é o projeto do(s) responsável(is) pela gestão da escola, sem discussão e negociação dos vários interessados da comunidade escolar; Projeto-gheto, que se concentra em pequenos grupos, sem adesão dos demais. Suas decorrências?

- Projeto-vago: que se traduz num documento de intenções e objetivos gerais pouco precisos, sem metas e com consensualidade, isto é, sem pressão dos atores, pois tal projeto permite que cada indivíduo ou grupo siga seu próprio caminho.

- Projeto-manutenção: que procura manter as estruturas existentes, consolidando rotinas e projetos mosaico, de diversas atividades, que a escola vai repetindo ano após ano.
- Projeto-ficção: quando a ambição e o voluntarismo têm "o céu como limite", ou seja, mantém-se tudo como está, pois não são temperados com uma análise realista dos recursos e dos constrangimentos vigentes, sejam materiais, institucionais, de profissionalidade ou de cultura organizacional.
- Projeto-ofício: aquele que "serve para enviar", que se dá por concluído nas fases de redação e aprovação do documento escrito e sua apresentação formal às instâncias da administração educativa, e encontra-se à disposição — na gaveta — para quem o solicitar.
- Projeto-cerimônia: que atinge seu auge nas várias festas e cerimônias, mas que não ultrapassa a dimensão ritual, institucional e formal.

No caso da gestão da escola (este tema é mais estudado[2]), predominam uma certa fusão e confusão em torno dos conceitos de liderança, descentralização, autogestão, co-gestão e escola pública, que dificultam o processo coletivo decisório.

A ênfase na implementação de programas e projetos voltados para a liderança do gestor da escola faz parte de um movimento internacional dos anos de 1990 que envolveu reformistas e legisladores em plena sintonia com o projeto político do Banco Mundial, sem faltar o consentimento do Ministério da Educação e Cultura (MEC). O novo modelo de regulação redefine as relações entre políticas, governos e educação.

É importante caracterizar alguns pontos dessa nova ortodoxia:

1. A liderança primordial do diretor de escola torna-se o núcleo básico na construção do PPP, para administrar as carências financeiras da escola com iniciativas próprias e com o suporte da comunidade.

[2] PAZETO e WITTMANN apresentaram o estado da arte da Gestão da Escola (1991 a 1997), tema de expressão e de crescente interesse no meio educacional brasileiro. Na incidência geral das temáticas/subcategorias, aparecem Democratização e autonomia, Organização do trabalho escolar, Função e papel do gestor e, com menor incidência, a Gestão pedagógica (PPP, currículo, práticas educativas).

De acordo com Fonseca (2003, pp. 302-18), o projeto inicial (The World Bank, 1999) — o Fundescola — funciona mediante um fundo repassado à escola, a qual destina 80% dos recursos a fatores físicos e materiais (construção, reforma, compra de equipamentos escolares). O Plano de Desenvolvimento da Escola (PDE), projeto nuclear do Fundescola, visa modernizar a gestão da escola mediante a adoção do modelo de planejamento estratégico apoiado na racionalização e na eficiência administrativa.

Os documentos oficiais, elaborados com a participação do Banco Internacional para a Reconstrução e o Desenvolvimento (ou Banco Mundial/Bird), apontam a necessidade de:

a) capacitar diretores para assegurar a eficácia do atendimento escolar, neutralizar o centralismo burocrático e garantir um serviço condizente com as propostas descentralizantes da atual política educativa.

b) a escola–comunidade realizar a igualdade de oportunidades educativas, bem como a arrecadação, a utilização e a fiscalização do dinheiro.

c) colaborar com secretarias municipais de educação na formulação de políticas educacionais.

d) aproveitar o *know-how* do setor privado e estabelecer parcerias com empresas, para melhorar a qualidade do ensino público.

e) o Conselho de Escola gerir os recursos.

Na verdade, isso quer dizer que o gestor da escola deve assumir uma responsabilidade imensa, que ultrapassa suas funções internas. Tais medidas tendem a desobrigar o Estado do funcionamento parcial do financiamento do sistema público de ensino. A escolha do diretor pode tornar-se, também, um fator de controle central do Fundescola, para garantir serviço mais condizente com as propostas concebidas conjuntamente pelo Banco Interamericano para o Desenvolvimento (BID), pelo Bird e pelo MEC.

De acordo com resultados da recente pesquisa, coordenada por Fonseca (2003), realizada nas escolas das regiões mais pobres do Brasil (Norte, Nordeste e Centro-Oeste), percebe-se que a concepção de gestão disseminada pelo Fundescola contrapõe-se à proposta de PPP, especialmente em relação à construção coletiva do trabalho escolar; o PDE, de viés tecnicista, sobrepõe-se ao PPP, fortalecendo a proposta burocrática; a forma de gestão instituída descarta a base política (coletiva) inerente ao PPP.

Por que os educadores não recebem informações sobre os custos e os resultados dos acordos financeiros? A quem interessa o sigilo?

A resposta é simples, explica Fonseca (2001, pp. 18-33). Depois de mais de trinta anos, os resultados práticos dos acordos entre o MEC e o Banco Mundial não justificam seus custos e sua continuidade no Brasil. Além dos prejuízos financeiros, os projetos foram pouco eficazes para corrigir problemas estruturais da educação brasileira. As ações definidas no quadro dos financiamentos do Banco Mundial, com a retórica oficial da solidariedade, constituem medidas compensatórias, ou de alívio, para com os mais pobres do planeta. O poder do Banco Mundial se amplia, de modo significativo, pelo seu alcance virtual: seu suposto êxito sempre está presente nos textos preliminares dos acordos, e sua influência política é alimentada pelo desconhecimento de sua existência por parte dos que atuam na escola.

2. A reforma educacional dos anos de 1990 dá-se no contexto do Estado descentralizador, que transfere responsabilidades diretas da educação às famílias e aos gestores da escola. O governo regulamenta a entrada de provedores, estabelece a separação entre compradores e provedores, controla a provisão dos bens sociais e avalia a qualidade. Entretanto, descentralização implica, necessariamente, alterações efetivas no funcionamento das várias esferas do poder público, envolvendo transferência do poder decisório, bem como de atribuições e de recursos entre elas. Tais iniciativas concedidas pelo Estado terminam desgastadas pelos princípios privatistas de autofinanciamento do investimento social e de exclusão da participação social e política da população nos processos decisórios (De Rossi, 2000).

3. Escolas "quase-mercado" são escolas que se localizam entre o Estado e o mercado. De acordo com Feldfeber (2003), trata-se de um novo modo de regulação, diferente do livre mercado e do modelo burocrático tradicional, porém combinando alguns aspectos de um sistema de intervenção e de mercado. Preserva-se o financiamento público, mas são incorporados mecanismos de mercado, tais como a livre escolha de seus usuários e a competência dos estabelecimentos com o financiamento da demanda (*vouchers* educativos).

O novo consenso, que se pretende hegemônico, traduzido em propostas de autogestão local, explica o funcionamento da sociedade e de suas instituições. Os "novos" mecanismos de direção — via "escolas autogestionadas"— devem apropriar-se de teorias e técnicas dos projetos reguladores das empresas. O argumento político mais forte é o da transposição de "resultados satisfatórios" de outras escolas de outros países, com "mais qualidade educativa", estruturas de gestão mais "eficazes" e mais "receptivas", rendimento "satisfatório" dos alunos e mais "qualidade" educativa. Ou seja, o da transposição dos mesmos princípios das escolas privadas (Feldfeber, 2003; Whitty e outros, 1999).

Entretanto, a chamada escola "autogestionada" de hoje consiste na prática de co-gestão com controle remoto, com autonomia administrativa e pedagógica outorgadas e controladas, com descentralização de decisões circunscritas nos planos técnico e operacional. Trata-se de uma alternativa moderna de despolitizar o sistema, inserindo a participação de professores, pais, alunos e comunidades locais num processo que se diz neutro. Uma prática decorrente da nova estrutura de poder, comandada pelos maiores grupos econômicos, operando com bases supranacionais, para reinventar instituições, privatizá-las e ampliar o lucro e o consumo em escala mundial (De Rossi, 2000, p. 100).

A lógica da autogestão, enquanto utopia dos educadores progressistas, é outra — antecede a moda atual da "autogestão da produção". Sua matriz ideológica não advém do modelo "quase-mercado", mas da tendência libertária do socialismo e implica, como condição de sua realização, uma modificação mais ou menos ampla de toda ordem econômica e política. Tal lógica tem seu momento de síntese no plano das comunidades locais, onde a autoridade é socializada — todas as decisões são tomadas pela coletividade, que é concernida pelo objeto dessas decisões, nos limites exclusivos que lhes traçar sua coexistência com outras organizações coletivas e com suas representações (Bobbio *apud* De Rossi, 2000).

4. O novo modelo dá um novo sentido ao "público", que passa a ser entendido no duplo processo de incorporação da gestão privada dentro das formas públicas não-estatais. As escolas públicas de hoje podem oscilar entre dois tipos de gestão — a pública e a privada —, mas tendencialmente prevalecerá a segunda. Considerando as circunstâncias históricas e políticas que têm afetado o desenvolvimento do sistema público de ensino, nem sempre sua diferença e importância são notadas.

Toda escola pública, enquanto instituição, é uma criação histórica que tem um sentido, uma origem e uma trajetória. É evidente que o sentido do adjetivo "público" é variável em cada população, mas quando aqui utilizo as expressões "educação pública" e "ensino público", entendo que o sistema educativo é composto de escolas de caráter público, em contraposição ao privado. O público está relacionado ao regime, à jurisdição e à autoridade exercida nesse sistema, diferente dos que regem os privados (Sacristán, 2001, pp. 21-7).

O sistema público é governado por representantes de todo o público, e não por pessoas particulares (como se dá no sistema privado). O "público" é o que está dentro da competência do(s) governo(s) com administração descentralizada. No sentido mais comum, "público" é o que pertence ao povo. Todas as classes sociais deveriam aproveitar-se dos benefícios, e não pagar para receber os serviços de educação e de saúde, por exemplo.

A educação pública é uma conquista histórica do bem comum; ela contribuiu para criar esse bem, cuja segurança depende, precisamente, da medida que seja desejada como uma causa comum e assumida pelos projetos políticos e pelo público em geral. Creio que a batalha pela igualdade em um sistema universalizado de educação de qualidade necessita da escola pública, mas deve ser finalidade de todo o sistema educativo.

A escola pública continua sendo uma aposta válida, um bom ideal na sociedade democrática. O projeto político e pedagógico do Estado deve representar o bem comum da sociedade democrática, e sua concepção deve ser assumida por todos. Os benefícios obtidos devem coincidir com o suposto projeto.

Só assim os PPPs das escolas podem ganhar sentido: desobrigando-se de funções e de (auto)financiamentos, os quais não são de responsabilidade da escola; ampliando, no espaço público, o grau de autonomia pedagógica e a ação política de toda a comunidade escolar.

Para fortalecer tais afirmativas, torna-se importante destacar os resultados de estudos comparativos realizados em cinco países (Inglaterra e Gales, Nova Zelândia, Austrália, EUA e Suécia), nos quais foram implementadas diversas políticas setoriais para reestruturar a educação pública, combinando formas de financiamento do tipo "quase-mercado" (Whitty e outros, 1999, pp. 48-64).

As provas do estudo indicaram que:

a) foram alteradas as funções governamentais que confirmaram o poder dos governos centrais (em nível nacional e em nível dos Estados); foram outorgados fundos públicos ao ensino privado, combinando formas de financiamento e criando um sistema de "cheques escolares virtuais".

b) tais políticas definiram também o currículo das escolas e as formas de avaliação institucional, seja dos docentes, seja dos discentes.

c) a recente reestruturação educativa não conseguiu facilitar a participação das comunidades, nem a diversificação do ensino, nem o fortalecimento da profissionalidade, nem o aumento da eficácia das escolas, nem o incremento das oportunidades. Ao contrário, as oportunidades foram redistribuídas de modo marginal, beneficiando grupos, e não as comunidades menos favorecidas.

d) a estrutura de gestão mais eficaz (a das escolas privadas) demonstrou que o fracasso das instituições públicas dependeu mais de particularidades externas do que de internas, das escolas.

e) foi ampliada a competição (*ranking*), divulgada pela imprensa, entre escolas públicas e escolas privadas.

f) as escolas que renderam tão bem quanto as melhores tornaram mais dramática a estratificação social do que a já existente.

Nesse sentido, tendo presentes os reais efeitos negativos das reformas, quatro advertências são fundamentais (*ibidem*, 1999, pp. 164-5): a sociedade civil revitalizada pode impedir que dominem o resto da sociedade; as estratégias para reduzir as disparidades de provisão educativa e de oportunidades devem estar inseridas no terreno das políticas públicas; apesar de todos reconhecerem a importância das políticas de identidades, no caso norte-americano, as "escolas autogestionadas", que consolidam processos de identificação, tendem a favorecer tendências exclusivistas da classe média branca, mesmo que dêem oportunidade para a emancipação dos grupos marginalizados; quando as aspirações mais amplas não conseguem a inserção dos grupos menos favorecidos da sociedade, não devem ser consideradas como uma alternativa de luta mais geral para atingir a justiça social.

Projetos emancipadores

No Brasil, ao longo da história, houve projetos político-pedagógicos emancipadores locais, regionais, municipais e estaduais, em diferentes tempos e espaços (De Rossi, 2003). Nas últimas décadas, os PPPs mais bem-sucedidos investigados não são projetos fragmentados "por escola" e autofinanciados pelas comunidades, de acordo com as intenções da atual LDB e do Banco Mundial. Ao contrário.

Nos PPPs mais duradouros predominam semelhanças importantes: foram construídos por gestões colegiadas de educadores críticos e progressistas; foram concebidos com os movimentos sociais, sindicais e acadêmicos; foram implementados e financiados por governos estaduais ou municipais de partidos progressistas; no processo, os educadores não abriram mão das lutas pela profissionalização, por melhores condições de trabalho e pela sua formação intelectual contínua. Apesar dos inúmeros limites institucionais, materiais e subjetivos enfrentados pelos educadores, os projetos contêm potencialidades para constituir a matéria-prima das políticas públicas sociais (educacionais), ampliar sua durabilidade e interferir em diretrizes governamentais. Dentre eles, encontram-se: Projeto Inajá I e II, de Mato Grosso; Projeto Tucum, das Escolas Xavante, Escola Cidadã de Porto Alegre, Escola Candanga de Brasília, Escola Plural de Belo Horizonte, Escola Balalaia de Belém, Escola sem Fronteiras de Blumenau e Colégio Universitário de São Luís do Maranhão; além de outros no Rio de Janeiro, na região de São Paulo etc.

Quando os educadores com as comunidades fazem opções por instrumentos de tomada de decisões mais autônomas, abrem espaços de negociação e de participação decisória, o que quer dizer uma pequena, porém significativa, contribuição da escola para exercitar a democracia e lutar pela transformação social.

Projetos inspirados na lógica emancipadora pressupõem a gestão democrática e envolvem várias instâncias que atuam no campo da educação, tendo por objetivos primordiais a emancipação, o sucesso escolar, a inclusão e o compromisso sociais (Veiga, 2001). Comportam grandes ideais emancipadores, ou seja, um conjunto de valores, de utopias e de objetivos educacionais característicos da esquerda, que permanecem como postura de fundo e são irrenunciáveis como meta final, pois pretendem libertar os homens das cadeias impostas por privilégios de raça, de classe, de cor entre outros (De Rossi, 2003).

Os PPPs emancipadores são democráticos em seus princípios e propósitos, integradores e tolerantes com as diferenças (transculturais), universalistas em sua intenção e abrangência (transnacionais), para estender a todos os indivíduos (que são sociais) condições concretas de autonomia política, econômica e intelectual. A educação para a liberdade precisa dar-se no bojo de um processo global de emancipação, no qual a virtualidade do conflito está sempre presente.

Projetar nos remete à idéia de lançar com força, mais adiante. Todavia, a projetualidade é característica dos ritmos das ações políticas, associadas à lógica assimétrica e múltipla do tempo histórico, que articula presente, passado e futuro. Isso quer dizer que a história da escola e de seus projetos anteriores — de outros tempos e espaços — precisa ser conhecida, considerada.

Existe uma tensão entre a forma projetual (da escola que queremos no futuro), que não pode descartar seu retrovisor no passado, e os problemas da escola que temos no presente.

Não podemos esquecer que a imaginação e a fantasia sempre foram armas poderosas para concretizar sonhos e utopias. Afinal, objetivos e interesses políticos comuns de hoje, no passado também foram sonhos. Trata-se de explicitar a visão de mundo, valores pedagógicos e culturais, compromissos políticos, direção assumida (seu rumo projetual), sem desconsiderar seu movimento processual de idas e vindas, de avaliações e de reformulações do projeto em curso.

A utopia é essencial para fazer política, para agregar pessoas em torno de grandes ideais emancipadores, que permancem como pano de fundo em busca da transformação social mais ampla. No caso da escola, as utopias relacionam-se com o sonho da "escola para todos", profundamente democrática e emancipadora, que integre e partilhe as diferenças e que garanta o sucesso e o direito escolar a todos.

É legítimo pensar em novos modelos e novas formas políticas e sociais, em realização do cidadão sem fronteiras, em novas relações sociais, que tenham em vista a diminuição das desigualdades e o fim da exclusão social.

Entendo que os PPPs são, ao mesmo tempo, políticos, no sentido do compromisso da escola com a formação do cidadão, e pedagógicos, no sentido de definir ações educativas, construções curriculares, formação continuada dos educadores, para que a escola possa atingir seus propósitos e sua intencionalidade (Veiga, 2001, p. 13).

Por ser o instrumento que define a identidade da escola e suas características específicas, o PPP é um texto com contexto e história, e não uma mera declaração de princípios genéricos estanques nunca revisados. Ele define o currículo, todas as atividades (extra)escolares; equilibra o ideal com o possível, a utopia com os pequenos passos; define a filosofia da educação, as opções em torno das concepções e dos modelos pedagógicos; as estratégias metodológicas, as inovações educativas, a relação com a comunidade; os modelos de gestão; a distribuição de tempos e espaços; a proposta curricular e os critérios de avaliação (Seborraja, 2001, p. 216).

O currículo e a qualidade dos processos de ensino–aprendizagem correspondem aos objetivos da escolarização obrigatória e realizam as atividades com o fim na educação escolar, tais como aquisição do conhecimento e da cultura, desenvolvimento da personalidade, formação para a cidadania, inserção no mundo do trabalho. Para a realização desses objetivos, são necessárias atividades-meio, tais como planejamento e organização do trabalho pedagógico, gestão da escola, formação continuada dos professores (Libâneo, 2001, p. 59).

O PPP é o documento escrito e o instrumento de articulação entre os fins e os meios: ordena, realimenta e modifica todas as atividades pedagógicas, tendo em vista os objetivos educacionais. Ele considera o instituído (legislação, currículos, conteúdos e métodos) e também é instituinte da cultura escolar, pois cria objetivos, instrumentos, procedimentos, modos de agir, valores etc. Sintetiza os desejos e as propostas dos educadores que trabalham na escola, tais como:

- Quais os princípios políticos e pedagógicos comuns entre educadores e comunidade?
- Quais as características da escola que temos? Que escola queremos?
- Que objetivos educacionais correspondem às expectativas da comunidade escolar?
- Qual currículo? Que alunos queremos formar?
- Quais os critérios da avaliação?
- Quais os referenciais teórico-metodológicos que serão utilizados? (Libâneo, 200, p. 133)

Há uma estrutura básica do PPP que constitui o seu registro documental da escola: identificação do projeto e duração; histórico da escola e justificativa; objetivos gerais e específicos; metas; desenvolvimento metodológico; recursos; cronograma; avaliação e conclusão. O projeto deve, também, conter o que realmente a escola vai fazer a partir de suas condições, dos seus recursos disponíveis, bem como uma previsão dos que serão alocados. Os sentimentos e as vivências das pessoas, durante a construção do projeto, quando registrados enriquecem a história do projeto e a da escola (Padilha, 2002, pp. 90-3).

O PPP pressupõe uma concepção seletiva e normativa da cultura, que pode também transcender tanto os interesses momentâneos e quanto os arbitrários, mantendo a dupla preocupação com a concepção do PPP da escola e com o PPP das políticas públicas (mesmo sabendo das difíceis relações escola-Estado). Sem essa sintonia, os projetos escolares perdem suas potencialidades.

O PPP mediado pela gestão colegiada torna-se o ponto de articulação entre o individual e o social, entre as micro e macro esferas políticas, entre a escola e a realidade circundante, entre as pessoas e o conhecimento (Burgos & Pena, 1997).

Por outro lado, todos sabemos que, no Brasil, o acesso aos mecanismos mais formais do governo são difíceis aos educadores e aos movimentos sociais, sindicais e acadêmicos. Dependendo da definição de política, a compreensão da escola pode ser facilitada.

Há uma tensão de longa duração entre a educação política e a política educativa, entre educadores e Estado. A natureza da prática dos gestores é contraditória e ambivalente — ora mais desafiadora, ora mais legitimadora de grupos de interesses, ora as duas coisas. Importante lembrar que existem dimensões ambíguas, para compreender os mecanismos de resistência e de conformismo. É bem provável que a existência da percepção e da cultura só sejam efetivamente alcançadas por uma racionalidade alargada (De Rossi, 2003).

Política não é algo que se oferece em lápides de pedra a educadores que se mostram receptivos. Entendo a política mais como um processo do que como um produto, abrangendo negociação, contestação e luta entre diferentes grupos não envolvidos diretamente na elaboração oficial da legislação, dos projetos e dos planos educacionais. Entender os professores como construtores de política significa dar novo sentido às suas ações políticas, tanto em nível das relações informais (das escolas, das salas de aula com alunos) quanto em nível nacional, das diretivas formais da política educacional (Ozga, 2000).

A educação é uma política pública de corte social, de responsabilidade do Estado e concebida em conjunto com diversos segmentos sociais envolvidos. Políticas públicas não se reduzem a políticas estatais. O Estado não pode ser reduzido à burocracia pública, aos organismos estatais que conceberam e implementaram as políticas públicas. Estas são de responsabilidade do Estado e por ele implementadas e mantidas, a partir de um processo de tomada de decisões que envolve órgãos públicos, diferentes organismos e agentes da sociedade (Hofling, 2001, p. 31).

Para tanto, é preciso encorajar os educadores a manter (ou a desenvolver) a disposição crítica sobre as políticas educativas como sendo parte integrante de sua formação profissional, para que cobrem seus direitos no processo decisório democrático.

A gestão da escola, enquanto instrumento mediador do PPP da ação dos sujeitos da comunidade escolar, confere significado à (re)construção social dos modelos organizacionais, favorece a autonomia relativa dos educadores dentro dos limites das políticas públicas sociais que lhes conferem (ou não) significado.

A gestão acontece e se desenvolve em todos os âmbitos da escola, mas ela se objetiva na sala de aula, sua fonte privilegiada de novos subsídios para novas tomadas de decisão (Ferreira, 2001, p. 309).

Gestões colegiadas organizam o trabalho pedagógico, viabilizam o PPP, além de gerar um movimento dialético, entre interesses externos (reguladores de suas funções) e internos (próprios da vida e da cultura escolar), remetendo os educadores a outros âmbitos do pensamento e da ação política.

A prática da gestão não se esgota no âmbito da instituição escolar nem se reduz à ação dos gestores nos processos administrativos e pedagógicos. Deve ter em conta um projeto pedagógico, assegurado por organização do trabalho escolar colegiada, envolvendo, se possível, todos os personagens que atuam na escola — pois uma prática que dê respostas a alguns dos problemas existentes é uma construção coletiva na qual devem comprometer-se diferentes ações individuais (De Rossi, 2001, p. 94).

A principal e, quiçá, a mais difícil tarefa dos gestores consiste no desenvolvimento de sua capacidade de administrar e mediar conflitos, pois é na perspectiva da virtualidade dos conflitos e das contradições, inerentes à própria realidade do processo educativo, que se abrem possibilidades objetivas e subjetivas para o indivíduo e para a sociedade humana. Dito de forma mais precisa, as gestões colegiadas integram o conhecimento e a crítica colegiada, consideram a coletividade como produto do esforço individual, para além da disciplina externa e mecânica, resultado de um processo estranho e fatal aos indivíduos singulares (Gramsci, 1989, pp. 120-168).

Isso não é nada fácil, dizem os gestores e todo o colegiado da escola! Então, que tal uma paradinha?

Há duas oposições perigosas: individual *versus* coletivo e conflitos *versus* democracia.

Tiranias do coletivo?

No pensamento político, o uso mais antigo da palavra "tirania" é sinônimo de soberania. A intimidade é um terreno de visão e uma expectativa de que as relações humanas se abrem quando se rompem as barreiras do contato íntimo. As conseqüências das "tiranias da intimidade", da cultura perigosa do eu, tornaram-se um credo conhecido entre nós, por distorcer nosso comportamento político, a frustração na sociabilidade, a natureza humana transformada em individual (Sennett, 1988, pp. 410-3).

O capitalismo de consumo e o neoliberalismo assumiram o processo de individualização — excessiva e egoísta — como uma mercadoria preciosa e poderosa. A gestão da escola pública, nas últimas décadas, enfrenta um dilema de difícil solução. Seu público tornou-se mais heterogêneo que o das escolas privadas, por se tratar de alunos que advêm de meios socioculturais menos favorecidos. Não se levou a cabo a educação obrigatória e a formação profissional; ao contrário, preferiu-se capacitar sujeitos pouco expressivos e muito flexíveis, que dessem conta do "seu" desemprego, do "seu" sofrimento, da "sua" exclusão social.

Ao fim e ao cabo, a esfera do privado é vivenciada como sede real da vida individual e das realizações, enquanto a esfera do público é vivenciada como fonte de sofrimento, humilhações e derrotas. Os grandes ideais contidos em projetos emancipadores suscitam desconfiança, ao mesmo tempo que dinâmicas autoritárias conduzem a efeitos devastadores.

Entretanto, dizer que todo indivíduo é social não significa atribuir prioridade à instância coletiva, mas quer dizer que sua libertação passa por um processo social de individuação, de construção e de reconhecimento de sua individualidade e da dos outros, pela qual os indivíduos se comunicam com outros indivíduos, sem discriminações, em defesa dos direitos universais (Rouanet, 1993, p. 22).

A ausência de liberdade e a vulnerabilidade ao conflito nos deixam mais expostos ao conformismo, à passividade. O conformismo é fruto da asfixia da individualidade e da tirania do coletivo. É fruto da combinação entre o egocentrismo radical e a apatia em relação às questões de interesse comum. Quando isso ocorre, o indivíduo morre duas vezes: uma vez, assassinado pela sociedade de consumo; e outra, por lealdades coletivas (Rouanet, 1993, p. 35).

Para além da oposição entre o coletivo e individual (e vice-versa), a sociedade é dos indivíduos, pois a experiência subjacente à idéia do "eu", desprovida do "nós", é o conflito entre a necessidade humana natural de afirmação afetiva da pessoa por parte dos outros; é, também, o medo de satisfação dessa necessidade. De acordo com os contextos políticos específicos, ocorre uma inclinação maior para o eu–nós ou para o nós–eu, pois, no caso da oposição entre ambas, anulam-se as identidades do eu e do nós. (Elias *apud* De Rossi, 2001, p. 105).

No contexto da gestão da escola atual, o modelo regulador neoliberal, paradoxalmente, estimula a ação coletiva, o êxito privado e a competitividade individual.

A "cegueira de nós mesmos" também quer dizer "cegueira do mundo". A alternativa para construir um modelo de gestão do PPP deve priorizar a razão, a autonomia do sujeito, seus comportamentos e sentimentos abertos a si e aos outros, precisa considerar a natureza humana, a condição ambígua e conflitiva das relações humanas.

Conflitos versus democracia?

Na história das teorias da gestão importadas do campo empresarial, os processos participativos foram sempre autoritários. Na década de 1990, quando as empresas sentiram a necessidade de ampliar o campo decisório aos trabalhadores, não foi para atender às suas demandas democráticas, mas sim as demandas da produção de grupos (ou equipes), e visavam ao lucro da empresa. Condizentes com a racionalidade técnica, reformadores e legisladores da educação também outorgaram o trabalho coletivo (de grupos ou equipes) à escola–comunidade.

O Brasil acumulou outras características peculiares. Lembram-se dos dois regimes ditatoriais prolongados (getulista e militarista) e da negação dos direitos dos cidadãos? Tal processo, dentre tantos desastres, contribuiu para impedir a plena maturação das representações políticas e dificultou a compreensão dos desdobramentos dos conflitos democráticos.

Certamente, fomos "muito mal acostumados" a temer e a negar as diferenças e os conflitos como se fossem perigosos, como se dissolvessem relações entre pessoas, em vez de considerarmos as experiências diversas e articulá-las. Uma boa pista? Toda vez que na escola reaparecem nomes como traição, desvio e inimigo é sinal de que a diferença ficou de fora.

Acontece que a natureza da própria diferença dos movimentos autônomos é diferença intrínseca dos direitos (que definem a particularidade dos movimentos sociais). É preciso distinguir quando estamos diante de diferenças que devem ser mantidas e de interesses comuns que necessitam ser articulados (Chauí, 1989, p. 308).

Essa distinção entre diferenças e seleção de interesses é sempre um campo de muito conflito, de muito movimento. Os conflitos de interesses e de valores tornam-se mais perceptíveis em contextos mais democráticos, onde reinam relações mais abertas, mais francas. Ou seja, quando todos devem dar ouvidos aos pontos de vista diferentes, respeitar pessoas, classes, comportamentos, afetos, sexualidades, crenças, etnias e gestos diferentes.

Quando sabemos que os conflitos perderam sua virtualidade?

Quando são vivenciados como catástrofe, seguida de ressentimentos e hostilidades entre educadores; quando suas representações democráticas ficam mais longe do processo de maturação; quando a participação operativa toma lugar dos processos decisórios conflitivos nas gestões escolares; quando os PPPs emancipadores construídos coletivamente, a duras penas, são extintos ou integrados e descaracterizados pelo Estado, perdem seu caráter combativo de oposição ao modelo regulador neoliberal vigente; quando as (auto)acusações, vindas de dentro e de fora da escola, fortalecem o medo e a culpa de educadores;

quando temos poucos vestígios de individualidade, e o trabalho coletivo é vivenciado como catástrofe.

O tema do PPP sempre deu margem a uma conversa individual e coletiva.

A escola integra o espaço público de discussão do qual participam as diferentes instâncias sociais, tais como a família, o governo, a Igreja, os sindicatos, além dos profissionais da educação, é claro. É a partir dessa integração que o projeto pedagógico, que é moral como um todo, deve ser construído — afinal, ele é um dos traços essenciais da identidade da escola–comunidade. A escola, longe de ser uma "agência de adaptação" das novas gerações ao modelo social vigente, é um "indagar crítico" acerca dos sentidos da vida individual e coletiva no contexto contemporâneo (Goergen, 2001, p. 161).

A função da escola pública atual é desenvolver a capacidade do indivíduo para constituir-se de forma autônoma, como sujeito de seus pensamentos, desejos e atuações. Potencializar o sujeito é fundamental e definitivo para a conquista da autonomia intelectual, para a análise crítica dos processos sociais em que cada indivíduo está integrado de maneira particular. A escola deve utilizar o conhecimento e a experiência mais rica da comunidade humana para favorecer o desenvolvimento consciente e autônomo dos indivíduos, seus modos próprios e espontâneos de pensar, sentir e atuar (Gomes, 2002).

Democracia (o mais forte dos regimes políticos) não quer dizer coletivização do agir e do pensar nem uma identificação de todos com todos. A ausência desta diferenciação é fruto de uma bela tirania. Tal tirania recusa o movimento incessante, e sempre diferente, dos conflitos sociais e políticos. Os homens podem apenas "agir" em comum, pois o "pensamento" coletivo é impossível. Quando a liberdade de expressão e de pensamento é suprimida é porque o Estado não consegue "destruí-la", porque reconhece que tal unidade é impossível (Chauí, 1987, p. 71-2).

2. GESTÃO DE CORAÇÕES E MENTES

Pensar sobre a gestão do PPP no cotidiano das escolas, pela via da organização e da cultura da escola, significa afirmar a existência de um processo histórico, com permanências e mudanças políticas e pedagógicas, no qual estamos inseridos de corpo e alma.

Não é de hoje que o Estado utiliza a escola como recurso de convencimento e de emotividade bastante mobilizadores para banir individualidades e para fazer a conversão pela subjetividade, sem alterar as condições materiais dos sujeitos envolvidos.

A pedagogia moderna nasce política. Ela faz parte de um movimento global de redefinição de coordenadas políticas, tais como submissão, liberdade, exclusão, participação, absolutismo, república, barbárie, civilização. A educação moderna vai se configurando nos confrontos sociais e políticos ora como instrumento de conquistas da liberdade, ora como mecanismo de controle, de submissão.

A relação entre a educação e a construção de uma nova ordem política brasileira faz parte de um movimento maior de interpretação dos processos de constituição das sociedades modernas (Arroyo *apud* Noronha, 1998, p. 71).

Projeto político e pedagógico

Para perpetuar o Estado absoluto e hegemônico, entrelaçaram-se a escrita do Estado, o simbólico e o instrumental. Em toda sociedade, instalam-se censuras, inéditas, regras constrangedoras que atuam como uma tensão aculturante, e não como mera difusão. Os efeitos das transformações culturais definem a própria forma de poder do Estado sobre suas formas de sociabilidade e podem alterar a identidade psíquica dos indivíduos (Chartier, 1990, p. 223).

A teorização, e consolidação, do sistema político-pedagógico, de acordo com Boto (1996) deu-se no embate entre projetos pedagógicos do século XVIII (Lepeletier, Condorcet), durante a Revolução Francesa, na origem do discurso liberal que consolidou a política burguesa. Projetos estes que arremataram subjetivamente a revolução e transformaram-se em referenciais paradigmáticos para pensar em diretrizes da escola democrática.

No Século das Luzes havia consenso quanto ao papel da escola para a formação do cidadão, para divulgar o conhecimento das ciências, promover a unificação lingüística e fortalecer o Estado-nação. Mas havia também divergências quanto ao lugar social da escola e quanto aos critérios para a formação desta cidadania.

O famoso projeto pedagógico do francês Louis Michel Lepeletier (representante da nobreza assassinado em 1790) foi lido por Robespierre na Convenção de 13 de julho de 1793, na França, como tributo ao mártir da memória revolucionária, com estilo revolucionário eloqüente, emotivo e distanciado da crítica (Boto, 1996, pp. 160-6). Dentre as inovações para pensar sobre as diretrizes da escola encontram-se:

a) Modelar corações e mentes foi a estratégia utilizada para fabricar consenso, fortalecer a revolução e precaver o refluxo social e político. Não se tratava mais de ensinar na mais viva tradição iluminista da perfectibilidade humana, pois a individualidade fora proscrita.

b) Os saberes escolares tornam-se definitivos; a República se abre à diversidade dos "talentos" e deixa de lado a universalização dos saberes.

c) A educação manteve sua aparência pedagógica, mas transformou-se em estratagema político. A política-pedagógica, tarefa do poder público, estabelecia especificidades da educação e da instrução. A pedagogia torna-se fundamental para construir o Estado-nação e a escola passa a ser utilizada para gestão da República

d) A administração e o financiamento das escolas teriam um imposto progressivo em função da renda e contariam com um orçamento suplementar, advindo do trabalho dos alunos. Cabia aos pais a vigilância e inspeção do regime, pois a gestão da escola não tinha funcionários contratados.

e) O legislador da pedagogia revela-se, desde então, o portador da razão histórica, e a educação primária pública, gratuita, obrigatória, universal e laica, torna-se seu veículo privilegiado para regeneração nacional.

O novo sistema político-pedagógico francês teve forte efeito irradiador sobre os demais países. No Brasil, desde o Império, os legisladores materializaram o processo da unificação do ensino (pelos programas, subsídios e currículos) e de diferenciação social. Tomaram por referência a crença irradiada do projeto francês de que o jogo desenfreado da oferta e da procura deveria ser suficiente para premiar os mais capacitados, e a distribuição diferenciada de capacidades e talentos fosse naturalizada. Aí reside o suposto, tão vivo entre nós, da desigualdade natural entre os homens, que não deve ser transformada pelo poder político, sob a pressão de "cidadãos incompetentes", os pobres e desvalidos (Noronha, 1998, p. 61).

A Gestão de Corações e Mentes, constitutiva do ideário republicano brasileiro, perpassou todas as reformas educativas para facilitar o controle social, contra seus inimigos internos geradores de conflitos e oposições.

Para fabricar almas, o Estado recorreu à Igreja (e vice-versa), aproveitando o vigor da pedagogia jesuítica e dos métodos de ensino da Companhia de Jesus. Sem esquecer a contribuição da pedagogia do Exército, é claro! Método que estruturou o modelo escolar brasileiro, inspirou programas de ensino e vários manuais escolares (nascidos dos catecismos religiosos) que fundiram e confundiram os poderes dos santos, dos heróis da pátria e, logo depois, dos heróis da empresa. Um exemplo acabado?

O reformador do ensino Francisco Campos, em seu livro *O Estado nacional* (1939), além de descrever os fundamentos do Estado totalitário getulista, exibiu os principais instrumentos de controle político total da nação e dos conflitos, dentre eles: recursos inconscientes, irracionais de mobilização coletiva; manter as massas em permanente estado de excitação, êxtase, inconsciência e irreflexão; contágio via ampliação dos meios de comunicação; o chefe encarna a vontade da massa, tutela a juventude, modela seu pensamento, ajustando-o para viver o Estado totalitário (Swartzman, 1984).

Não podemos esquecer que as hostilidades emocionais, as estratégias do ódio, foram encorajadas e legitimadas pelos regimes totalitários europeus (fascista e nazista). Tais estratégias alimentaram o desprezo dos pobres pelos ricos; estimularam a mobilização coletiva; ocultaram ressentimentos internos contra os dominantes no interior do regime estabelecido, para conter conflitos sociais. Entretanto, desde o século XVIII, uma longa história política não cessou de confirmar a confiança nos efeitos moderadores da democracia, nos limites da lei, para superar ódios pela discussão e por concessões (Ansart *apud* Bresciani & Naxara, 2001, pp. 23-6).

A Revolução Francesa é um dos exemplos extremos de como a despolitização entra no sistema público de ensino separando os que "fazem política" e os que "recolhem seus frutos". De um lado, o poder surge da necessidade de discutir e atuar coletivamente, com finalidades políticas de liberdade; de outro, da formalização da violência, da força física (do terror) e ideológica.

O individualismo oposto à coletividade, ou seja, o próprio coração da teoria e da prática do liberalismo burguês, somado às disciplinas do cristianismo, relativizou a individualidade mortal concreta ("nega-se a si mesmo"), com a repressão dos instintos vitais (Horkheimer, 1976, pp. 148-9).

Mas enganam-se também aqueles que pensam não existir no liberalismo clássico lugar para as políticas públicas de direitos sociais. A defesa da universidade pública, gratuita, autônoma, liberdade de cátedras, instâncias decisórias colegiadas já estavam previstas no projeto de Condorcet, do século XVIII. Ele foi pioneiro na estruturação de projetos políticos e pedagógicos posteriores da instrução pública e fixou os princípios da educação democrática tratando os temas da universalidade do acesso, escola única para todos, para ambos os sexos, em todos os níveis (Boto, 2003a, pp.742-58).

Portanto, é possível dizer que o primeiro aspecto da revolução da modernidade está ligado à difusão do projeto pedagógico e sua colocação no âmbito do Estado. A modernidade nasce como projeção pedagógica que consiste, ambiguamente, em um duplo desafio: a dimensão da conformação e a da libertação. Ela dá vida a um projeto complexo e dialético, também contraditório, que caracteriza a educação do mundo moderno e permanece no centro da história moderna e contemporânea como uma antinomia constitutiva estrutural, quiçá não superável (Cambi, 1999, p. 217).

Organização burocrática da escola

Foram necessários vários estudos para justificar a seleção e a exclusão social e para manter viva a ilusão futurológica da escola democrática pública, laica, gratuita, para todos. Não é mera casualidade que predomine a visão da escola apenas como lócus da organização burocrática, da reprodução de leis, comportamentos, habilidades, orientações e regras.

A escola pública brasileira, como já foi dito, reproduz as mesmas situações de desigualdade da sociedade e enfrenta problemas semelhantes aos da sociedade mais ampla. O processo de institucionalização da organização–escola representa uma tendência universal, inscrita na longa duração, profundamente normativizada e (re)produzida nas formações sociais contemporâneas.

A idéia de organização está, de acordo com Chauí (1989), referida a um fenômeno histórico preciso: a burocratização das sociedades contemporâneas. A burocratização é um processo que se impõe ao trabalho em qualquer nível e em todas as esferas da vida social, econômica e política, ou seja: nas empresas (indústria, finanças, comércio) e em todas as manifestações culturais de escolas, universidades, Igrejas.

A burocratização impõe um quadro social homogêneo, com hierarquia das funções, regras de promoção, divisão das responsabilidades, estrutura da autoridade. Como conseqüência, surge uma identificação dos membros de uma burocracia, não com as pessoas, mas com a função que exercem e o cargo que ocupam.

No caso das escolas, quando diretores, supervisores e professores não transcendem a burocracia ou a organização, a dominação permanece dissimulada, para que os dirigidos pareçam comandados pela "razão da organização", não pela razão das pessoas.

Enquanto em sua face clássica, o discurso burguês legislador, ético e pedagógico nomeava os detentores da autoridade com a razão da organização, o discurso tornou-se anônimo (neutro), ocultando de onde era pronunciado. Este discurso exigiu um projeto de intimidação social e política.

A escola, pela via da racionalização burocrática, reproduziu as relações de produção, ao mesmo tempo que a dramaturgia e o espetáculo tornam-se sua finalidade principal. Seus representantes mais completos foram o norte-americano Taylor, para a organização industrial; o russo Lênin, para a organização política; e o prussiano Clausewitz, para a organização militar. Foi Marx quem nos ensinou a ver que por detrás do espetáculo da circulação de mercadorias escondia-se o trabalhador mutilado. O fetichismo mercantil oculta o sentido da organização e a sua base imaginativa necessária à formação da sociedade e do Estado moderno (Tragtemberg, 1978, p. 23).

Houve profundas transformações no processo educativo, para que o trabalho intelectual viesse a ser "rentável", para que todos os produtos da atividade humana se tornassem mercadorias. Os reformadores do ensino, com intencionalidades comuns, vão tornar mais ágil a difícil adaptação da escola à sociedade "democrática" de massas.

As funções de socialização para o trabalho percorrem o processo de ajuste da educação às necessidades do mundo industrial, pois, de certa forma, sempre existiu algum processo preparatório para integração nas relações de produção (Enguita, 1989, p. 105).

A industrialização do século XVIII, com a contribuição das pregações religiosas, exigiu a submissão ativa do trabalhador, em vez da antiga submissão passiva, baseada na religião, na fé e nas promessas do reino dos céus. A organização rudimentar dos processos produtivos corresponde à organização rudimentar dos tempos, dos movimentos e dos processos educativos.

Quais os pré-requisitos necessários ao professor inglês do século XVIII?

- Ser membro da Igreja da Inglaterra, ter mais de 25 anos e ser de palavra austera.
- Ser dedicado à Santa Comunhão.
- Ser capaz de autodomínio, bem como das suas paixões.
- Ter caráter submisso e conduta humilde.
- Possuir talento didático.
- Estar bem informado sobre os fundamentos da religião cristã, para enunciá-los perante o bispo ou o ministro da paróquia.
- Possuir boa caligrafia e sólidos fundamentos nas matemáticas.
- Ser membro de uma família de ilibada conduta moral.
- Contar com a aprovação do ministro da paróquia (sendo um fiel) antes de procurar autorização do bispo. (Tragtemberg, 1978.)

Quando o trabalho se impôs como dever social e o profissionalismo se impôs para reprodução socioeconômica, a escola tornou-se uma organização complexa, obrigatória e estatal (quase gratuita). Embora não faltassem fortes resistências dos trabalhadores, foram dadas às escolas as tarefas de reprodução da subdivisão do trabalho, de seleção de classes sociais, de transmissão de hábitos de trabalho e de introdução de uma nova disciplina de tempo de trabalho.

Importante relembrar que as iniciativas para produzir o cidadão disciplinado, apto ao trabalho assalariado alcançaram não só a cidade, mas também o campo. O Instituto João Pinheiro (1909-1934), no Estado de Minas Gerais, foi criado por republicanos para o Estado resolver o problema das crianças abandonadas, "deserdadas da sorte", como uma compensação pela falta de escolas. Seus objetivos? Mostrar a utilidade do trabalho manual, que fora rebaixado pela condição do escravo, e afastar seus alunos do ócio, sem cair no serviço burocrático, considerado perigoso (Faria, 2001, pp. 89-90).

De acordo com o regulamento do instituto (1909), este processo tem "vantagens", dentre elas:

- Preencher o fim pedagógico desta disciplina, educando os sentidos e adestrando as mãos, imprimindo hábitos de perseverança às crianças no trabalho.
- Prover futuros agricultores de aptidão para, por si mesmos, preencherem as necessidades comuns ao meio desprovido de recursos em que vão vi-

> ver: remendarão seu próprio vestuário, caiarão a casa, confeccionarão cabrestos etc.

Para eliminar o "fazer cera" no trabalho, Frederich Taylor, o pai da administração científica (Filadélfia, EUA, 1856-1915), analisou o tempo e o movimento dos trabalhadores. Retirou qualquer decisão do trabalhador, para formalizar a subdivisão do trabalho, controlada pelo relógio do monitor, do supervisor e pelo diretor de fábrica. (Depois, o diretor de escola, que não dispensou também o livro de ponto e as cadernetas escolares.) Não é mera coincidência a reprodução dos mesmos nomes dos cargos e das funções empresariais nas escolas.

Taylor escreveu artigos que foram divulgados não só nos EUA, mas também na Europa, na Rússia e nas Américas. Os três princípios básicos da gerência científica seriam: dissociação do processo de trabalho das especialidades dos trabalhadores; separação da concepção e execução do trabalho (mental e manual); e monopólio do conhecimento para o controle dos gerentes.

Em 1913, explica Enguita (1989, pp. 125-6), os princípios empresariais foram introduzidos nas escolas pelas mãos dos reformadores: Spaulding, Cubberley e Bobbit. Eles compreenderam a importância da educação, seu dever de servir a comunidade, para depois confundir escolas com empresas. (Diga-se de passagem: parte dessas idéias bastante antigas não perderam seu vigor na atualidade.)

Frank Spaulding, por exemplo, introduziu a análise de custo-benefício em termos da produção escolar: propôs avaliar o produto das escolas com medidas do tempo necessário por aluno para realizar um trabalho e calculou os preços de cada hora/aula. Por exemplo: um dólar permitia proporcionar, por aluno, 5,9 aulas de Grego, 23,8 aulas de Francês, 12 aulas de Ciências, 13,9 aulas de Artes ou 41,7 aulas de Música.

Ellwood Cubberley (1868-1941) esforçou-se por introduzir a figura do especialista em eficiência para estudar todas as fases do processo educacional, a fim de atender às necessidades da indústria, ou seja, indicar os métodos que deveriam moldar o estado do produto — o aluno. Ele também abriu caminho para a avaliação, em forma de testes, de professores.

Franklin Bobbit assegurou que os produtos da educação devem ser ministrados com a mesma precisão dos da indústria. Para tanto, defendeu:

- fixar especificações e padrões do produto final — do aluno;
- fixar especificações para cada fase de elaboração do produto–aluno (matéria, anos de escolaridade, dias letivos);

- a formação permanente e capacitação de professores via instituições encarregadas;
- a tradução de tarefas em responsabilidades exigíveis;
- o estímulo da produtividade mediante sistemas de incentivos;
- o controle do produto parcialmente desenvolvido — o aluno.

Na década de 1930, o taylor-fordismo converte-se em projeto de regulação da economia, abrindo novas frentes para a acumulação capitalista. Um dos traços fundamentais da nova sociedade é a feição do corpo dividido, separado da alma, combinado com a imagem da máquina. A escola é uma microorganização dentro de uma grande organização social, movida por um modelo técnico de empresa de produção, inspirado nas empresas de racionalização do trabalho.

Ao longo do século XX, houve inúmeras alterações das demandas do capitalismo, as quais orientaram intencionalidades dos reformadores e dos legisladores, a fim de transferir grande parte dos conteúdos dos campos produtivo e empresarial para as escolas.

Na década de 1980, a divisão mais acentuada do trabalho pedagógico foi a forma mais concreta da escola de administrar o processo educativo — pelas vias das reformas curriculares e das avaliações — de acordo com a ótica empresarial. Ao mesmo tempo que estava sendo formulada a política do Banco Mundial para a América Latina, havia uma outra perspectiva crítica de educadores progressistas, com ações políticas de diversas entidades representativas, que elegeu a temática da democratização, da qualidade do ensino e da gestão democrática. Temática esta que influenciou o processo do Congresso Constituinte e os anteprojetos da LDB.

A perspectiva do neoliberalismo expressava o avanço do capitalismo no mercado mundial. Vale a pena destacar um outro exemplo, dos reformadores de 1990, quando o programa de Escola de Qualidade Total (EQT) foi desenvolvido no Brasil por Cosete Ramos. Ela aplicou o método de administração de empresas de W. Edward Deming, traduzido por William Glasser para o campo da gestão das instituições escolares.

Dentre seus princípios, estão: gestão democrática das escolas por liderança; diretor como líder da comunidade educativa; ensino com base no aprendizado cooperativo; trabalho escolar de qualidade; estratégia de participação com trabalhos em equipe. Nada difere dos Círculos de Controle de Qualidade empresarial, pois tudo se resume na "boa vontade" dos atores para instalar, criar e reproduzir as condições institucionais de qualidade em suas próprias escolas.

As modificações históricas do mundo do trabalho, desde fins do século XIX até hoje (do taylor-fordismo ao toyotismo), sempre vieram acompanhadas de projetos pedagógicos e de princípios educativos, para dar conta da reestruturação produtiva fundada na divisão entre concepção e execução do trabalho, entre pensamento e ação. As tendências pedagógicas privilegiaram ora a racionalidade formal, ora a técnica. As propostas curriculares, regidas pelo positivismo, tornam-se descomprometidas com o conhecimento que integrasse conteúdo e métodos (Kuenzer, 1998)[3].

Esta situação foi modificada com a globalização da economia e a reestruturação produtiva do novo padrão de acumulação capitalista das últimas décadas. Foi preciso uma nova pedagogia, uma nova subjetividade, que viabilizasse a internalização do controle interpares. O aprendizado coletivo, em face das situações-problema, passa a ser a forma dominante (Kuenzer, 1998, p. 49).

Será que o taylorismo foi enterrado cedo demais?

---

[3] Kuenzer tomou por base a pesquisa do Núcleo de Estudos sobre Reestruturação Produtiva e Educação da Universidade Federal do Paraná (UFPR).

Provavelmente, o enterro foi da caricatura do taylorismo, associada às suas primeiras realizações. Embora desacreditado, explica Lima (2001, p. 119), está presente:

- na escolha individual na base do cálculo utilitário, transferida para as ideologias de modernização da administração e organizações;
- na defesa positivista da administração científica, na seleção científica do traballhador, na formação profissional como treino científico e na cooperação entre direção e trabalhadores ;
- nas concepções elitistas de democracia cujos princípios do controle o trabalhador consegue transferir para o nível da produção;
- nas escolas/movimentos das teorias organizacionais e administrativas desenvolvidas no século XX;
- nas políticas educativas que integram esses pressupostos e consagram algumas soluções do tipo neo-tayloriano.

A expressão capitalismo flexível veste com roupas novas um velho tema. Mesmo com as novas alterações do processo produtivo, as mudanças aceleradas externas da moderna flexibilidade encontram-se sobrepostas nos tempos e nos movimentos dos educadores (taylor-fordismotoyotismo), interferem na estrutura interna das instituições e na sua subjetividade. Trata-se de alterar o significado das lutas e das ações políticas coletivas, enfrentando retoricamente as formas rígidas de poder burocrático, com uma ilusão capaz de substituir as necessidades sociais negadas.

No caso dos países pobres, como o Brasil, formar gerações é transmitir-lhes competências profissionais, técnicas pedagógicas, habilidades, comportamentos, a fim de reproduzir uma força de trabalho menos complexa, para conformá-las a regras sociais (vide PCNs), para responsabilizá-las pelo desemprego. Daí a ênfase dos projetos e financiamentos das escolas básicas, deixando as escolas de nível médio e de nível superior expostas ao autofinanciamento e divorciadas da pesquisa.

Quais então as principais tarefas do "bom gestor" escolar do século XXI?

- Manter a importação das técnicas empresariais, das escolas do tipo "quase-mercado", para a gestão de escola e do PPP.
- Abolir as hierarquias piramidais, que atrapalham as rápidas tomadas de grupos, e administrar o poder "horizontalmente", como um líder da coletividade — dos professores e da comunidade escolar.

- Estimular o jogo do comportamento "flexível", da conversa superficial nas reuniões coletivas, para que todos cumpram tarefas rápidas diante das mudanças contínuas, sem relações de amizade e de solidariedade.
- Evitar o re-trabalho do professor, reduzir o custo da "mercadoria–aluno" sem desperdícios, sem refugos de "peças", sem reprovações.
- Formar o aluno submisso, que imita atitudes e comportamentos das coletividades que o rodeiam, e depois encaminhá-lo ao desemprego no mercado de trabalho, mantendo, entretanto, aceso o mito da ascensão social via escola.
- Estimular a mobilidade dos professores polivalentes, operando com várias disciplinas em várias classes, várias escolas, até desaparecer seu tempo livre.
- Distanciar-se da teoria em sua "formação intelectual" (treinamento, capacitação, tanto faz) e espelhar-se no *just in time* associado ao tempo da produção (demanda do mercado) viabilizada pelo Estado, para "suprir seu consumo" imediato, pois o pensamento é inútil quando não é rentável.
- Ter como fontes de leitura privilegiadas documentos oficiais e subsídios enviados por qualquer das esferas do poder (federal, estadual ou municipal).

- Favorecer o desconhecimento da escola–comunidade sobre a origem e a aplicação dos recursos financeiros da escola.
- Assegurar a qualidade do processo de ensino–aprendizagem no melhor tempo, para poder competir no *ranking* das escolas públicas e privadas, acatando critérios apenas externos das avaliações docentes, discentes e institucionais.
- Tudo sem traições, sem queixas, sem mau humor, sem discordâncias nem conflitos.

Organização cultural da escola

Como já foi dito, principalmente desde o século XIX, com as novas configurações do mundo do trabalho, vários estudos foram feitos para tentar legitimar o projeto político-pedagógico concebido pelo Estado burguês, camuflar o problema criado pela escola democrática de massas e justificar a seleção e a exclusão sociais[4]. Todavia, com o movimento operário, a escola tem uma nova correlação de forças, conflitos ideológicos e lutas de oposição.

---

[4] Dentre os estudos encontram-se a fadiga escolar, a anormalidade infantil, o autogoverno e a politecnia

Gramsci, inspirado em Marx, deu importância à escola enquanto organização cultural dos trabalhadores, cuja finalidade seria a emancipação social e política das classes subalternas. Destacou a práxis inteligente do homem, um novo princípio educativo de escola unitária para todos. Na perspectiva socialista, a cultura deve ganhar significado de direção intelectual e política para organizar as massas.

Para Gramsci, cultura é organização, disciplina do eu interior, tomada de posse da própria personalidade, conquista de uma consciência superior, pela qual se chega a compreender o próprio valor histórico, a função própria na vida, os próprios direitos e deveres. Ele propõe que o vago conceito de liberdade de pensamento seja vivificado pelo de organização, para que os trabalhadores assumam a direção política (Soares, 2000, p. 379).

Diferente do que Gramsci e outros estudiosos socialistas propuseram, nos estudos da organização da escola as dimensões culturais nem sempre são consideradas.

Dentre os diversos modelos de análise[5], predomina o burocrático, que acentua apenas a reprodução das estru-

---

[5] Destaco a proposta de ELLSTRON, Per-Erich (1983) das quatro faces das organizações educacionais: modelo racional-burocrático, modelo político, modelo de sistema social e modelo da anarquia, *apud* Lima, L., *A escola como organização educativa*.

turas econômicas e políticas, as leis, o consenso, as normas e os planejamentos, a visão instrumental com orientação para tarefas, as hierarquias, a submissão. Modelo que desconsidera a importância dos conflitos, os problemas na definição dos objetivos e as estruturas informais, ou seja, considera apenas as versões "oficiais" da realidade.

Não podemos esquecer que organizações são sempre pessoas em interação social, e os atores escolares dispõem de margens de autonomia relativa, mesmo quando a autonomia das escolas não se encontra juridicamente consagrada e formalmente reconhecida e regulamentada. Todavia é sempre bom lembrar que a construção social das instituições envolve contribuições desiguais face à distribuição e controle não igualitário de recursos e de poderes entre diferentes atores sociais e grupos de interesses (Lima, 2001, p. 96). Isto é fundamental.

Predominam nas escolas atuais, diferentes modelos referenciais, vários sujeitos com diversas prioridades, uma certa desconexão com as normas instituídas. A gestão democrática colegiada comporta professores, pais de alunos, diretores, coordenadores, técnicos e funcionários de classes sociais, níveis de escolaridade, idades, religiões, ideologias, etnias diferentes.

Esta situação se expressa com mais evidência na América e na Europa (de acordo com o Fórum Europeu de Administradores de Educação), provoca tensões dialéticas entre o controle da escola e o do Estado, entre autonomia e descentralização, entre diversidade e heterogeneidade (Alvarez, 2000).

Todavia, conforme já foi dito anteriormente, não se trata de dar crédito a todas as idéias e a todos os modelos. Para além do relativismo cultural, a despeito das fantasias provocadas por emoções cegas, só quando os educadores respeitam as diferenças, mas fazem opções por ações políticas coletivas e pelos interesses comuns, pelos PPPs emancipadores, a contribuição da escola com o processo de lutas democráticas pelos direitos educacionais e sociais faz sentido.

Cultura da escola

A gestão do PPP insere-se necessariamente no movimento da cultura da escola[6] (que alguns preferem chamar de cultura organizacional[7]), no conjunto de aspectos

---

[6] Dentre os autores que partilham dessa junção, destaco SACRISTÁN, FORQUIN, LIBÂNEO. Importante salientar que Forquin faz distinção entre cultura da escola e cultura escolar. Esta deve ser definida como conjunto de conteúdos selecionados, normatizados e rotinizados pelos efeitos da didatização, que constituem o objeto de uma transmissão deliberada no contexto das escolas.

[7] Ver TEIXEIRA , L. H. G., 1999.

institucionalizados que caracterizam a escola como organização; daí assumir características próprias de transgressão e também de regulação, que, em diferentes tempos e espaços, diferentes grupos de educadores podem assumir, com diferentes graus e intensidades.

Desde o surgimento das escolas urbanas, que se expandem no século XIII, nas universidades (Paris, Bolonha, Oxford), ao mesmo tempo que foi imposta a divisão do trabalho, foi criada uma cultura escolar, uma certa organização dos estudos, programas, manuais escolares, exames, disciplinamentos, exercícios, métodos de ensino e novas relações entre teoria e prática (Le Goff, 1988).

Ao longo das gerações, a cultura da escola (diferentes regras, normas, tradições, saberes, afetos, comportamentos) expressou o projeto pedagógico e político dos seus tempos. Em alguma medida, a escola moderna, embora nem sempre de maneira explícita, cria seu ritual de organização, trabalhando saberes e valores; estabelecendo rotinas e disciplinas, racionalização e hábitos de civilidade; organizando tempos e espaços de modo próprio. Há uma variedade de tempos escolares do professor, do aluno, das famílias, da comunidade, inseridos nos demais tempos sociais. Há conceitos e expressões tipicamente escolares (na linguagem culta e na gíria), tais como: dar cola, cabular aula, dedar o colega, turma do fundão (Botto, 2003b, p. 148).

A escola tem suas deliberações sobre o processo de ensino–aprendizagem; seus referenciais teórico-metodológicos; seus conteúdos cognitivos, curriculares, simbólicos; suas maneiras de planejar, de avaliar o conhecimento, de lidar com a legislação, com os recursos, com as normas, com as hierarquias, com os sentimentos.

A escola tem, também, seu próprio processo de produção pedagógico (Paro, 1996):

a) O papel do educando no processo de ensino–aprendizagem é diferente de seu papel no processo de produção, pois supõe a existência de saberes, enquanto matéria-prima do processo, que dá conteúdo à relação professor– aluno. Este tem um papel ativo, de sujeito, e não de objeto, no processo de produção pedagógico. O aluno apropria-se de conhecimentos, atitudes, valores, habilidades e técnicas em tempos diversos, que podem ultrapassar o momento da "produção" das aulas. Ou seja: seu "consumo" não é imediato, mas prolonga-se para além da produção e concorre para a sua formação profissional e intelectual continuada.

b) O conceito de "produto" da educação escolar não inclui apenas a aula ou o processo de ensino–aprendizagem de cada indivíduo; há objetivos educacionais que devem contribuir com o processo de transformação da sociedade. A empresa visa a produção de um bem material de serviço determinado, e a escola visa fins de difícil mensuração e previsibilidade, em virtude do seu caráter abstrato e dos juízos de valor de seu processo e de sua avaliação.

c) A natureza do processo educativo escolar — de (re)produção de conhecimentos, de transmissão e de crítica do saber — impossibilita a plena objetivação, que é inerente à máquina e exigida pela produção capitalista. O sucesso do trabalho escolar não depende apenas da escola, mas também de saúde, de formação cultural, de condições materiais e de trabalho da família, de direitos assegurados.

Não podemos esquecer, porém, que a cultura da escola está situada na estrutura socioeconômica; num contexto sociopolítico e cultural, recebe influências diretas das políticas públicas de educação, das normas de organização do sistema de ensino, da realidade socioeconômica e cultural da população atendida e também das tendências educacionais contemporâneas (Teixeira, 1999, p. 180).

A escola é um mundo cultural "glocal" (local e global). A cultura da escola movimenta-se de maneira peculiar, em tempos e espaços diversos, mas também interage com a cultura da sociedade mais ampla. As péssimas condições de trabalho dos educadores nem sempre deixam ver a rica sociabilidade que é construída nas salas de aula com alunos, nos cafés com os colegas, nas reuniões pedagógicas, nas reuniões escola–comunidade, nas festas, na caronas dos colegas etc.

Para que haja verdadeiramente cultura, explica De Certeau (1995, pp. 163-5), não basta ser autor de práticas educativas, também é preciso que as práticas culturais estejam entrelaçadas às práticas sociais. Mas, explica o autor, há separações perigosas. Basta o ensino vacilar entre teoria ou prática (deixando de lado a teoria), que o saber escolar perde seu crédito. Daí surge a necessidade de usar aquele recurso antigo e enfadonho de o professor entrar no jogo das relações de força ou de sedução com seus alunos, tomando os discursos científicos apenas como metáforas.

As desigualdades presentes nas escolas são também sintomas de uma sociedade com desigualdades socioeconômicas acentuadas, com poderes concentrados nos organismos privilegiados das redes financeiras transnacionais. Tais grupos dificultam a maturação do poder democrático, essencial para determinar a organização e a representação do trabalho que uma sociedade realiza sobre si mesma.

A cultura da escola constitui o objeto do ensino, seu conteúdo substancial e sua justificação última. Nela inscreve-se, necessariamente, todo PPP, que os professores devem conhecer bem para poder dominá-lo (Forquin, 1993, p. 167). É preciso conhecer bem os contextos políticos (externos e internos da escola), pois só assim podemos nos aproximar dos seus modos próprios de regulação e de transgressão, dos seus projetos de conformação (regulação) e de emancipação.

Educar (ensinar) supõe um desenvolvimento pessoal e intelectual desejável, uma formação continuada dos educadores, sem faltar o projeto pedagógico socializado na comunidade escolar. Isto só pode ser feito com conteúdos e saberes extraídos da totalidade da cultura, ou seja, do mundo humanamente construído e do conhecimento historicamente produzido; do mundo das instituições e dos signos no qual, desde a origem, banha-se todo indivíduo, tão-somente para ser humano (Forquin, 1993, p. 168).

A escola contribuiu, em determinados momentos históricos, para a formação de identidades sociais e individuais específicas, de saberes docentes e discentes que não ocultam nem naturalizam as lutas e os conflitos sociais. Saberes que nos ajudam, de forma desigual em diferentes grupos e sociedades, a transformar o mundo em que vivemos.

3. ALINHAVOS

Com a flecha da certeza desmobilizante, acompanhada da Gestão de Corações e Mentes, ou seja, de estratégias político-afetivas (de convencimento máximo e de custo mínimo), a ofensiva (neo)liberal desemancipadora perfaz todo o circuito da existência humana, assombra esperanças, instiga traições, desencadeia ressentimentos, mas também estimula resistências.

Chega sorrateiramente pelas telas da televisão, do computador, dos cinemas e, tomando intimidade, altera a função da escola. Escola controlada no passado pelo Estado burguês legislador, arquiteto do projeto político e pedagógico que utilizou a "razão da organização" para burocratizar as escolas e nomear os detentores da autoridade e da competência.

Ao longo do tempo, os reformadores e os legisladores do ensino tornaram mais ágil a difícil adaptação da escola à chamada "sociedade democrática de massas", para que o trabalho intelectual se tornasse rentável e a seleção e a exclusão sociais fossem justificadas. Dados bem recentes da exclusão social no Brasil confirmam o espetáculo cruel da pobreza[8].

As organizações escolares encontram-se desprovidas de pontos de referência para assegurar o caráter público da gestão democrática. O sistema educativo e a gestão do PPP vigente vivem numa tensão pouco dialética entre o modelo regulador (de educar para a economia competitiva de mercado) e o modelo emancipador (de educar para uma democratização profunda, com novas regras de relacionamento na comunidade educativa local e global).

Tenho uma leve impressão, que talvez não seja tão leve assim, de que hoje nem todos sabem, com certeza, a quem pertence a escola pública. O sentido da gratuidade está se perdendo. Lembram-se das escolas "quase-mercados" travestidas de "autogestionadas"?

[8] De acordo com o "Atlas da exclusão social — Os ricos do Brasil " (Cortez, Pochmann, M. e outros (org.), 2004), sobre os censos de 1980 e 2000, a proporção de famílias muito ricas no Brasil (0,001% do total de famílias no País) reúne um patrimônio de 46% do PIB. Sua renda mensal é de R$ 22.487,00, ou seja, oitenta vezes superior à considerada abaixo da linha da pobreza. A renda da classe média foi reduzida em 17% e o número de pessoas que vivem em famílias pobres cresceu 18%.

Quem rege este coro?

Políticas emanadas de organismos internacionais, que assessoram políticas públicas sociais (educacionais), que são irradiadas para as escolas via projetos e programas educativos. Mas não só.

Há certas cumplicidades entre os contadores de histórias do passado operativo, com tramas e fatos semelhantes. Desde o estado republicano, predominam, no centro da pesquisa educativa, os PPPs de conformação (hoje, regulação), desencarnados de sujeitos e da cultura escolar interativa. Projetos que nasceram para neutralizar os de oposição e forjar a emancipação política brasileira, obscurecendo seus determinantes econômicos[9].

Quem afina o diapasão?

A inspiração para o uso de noções opostas (nós × eu e vice-versa), embora aparentemente meio confusa, rende homenagem ao modelo hegemônico da razão calculadora — metro e medida de todas as coisas —, que representa as políticas privatistas do capitalismo hoje travestido de "flexível".

Esse metro perverso afeta diretamente nossa maneira de viver o tempo, nossa vida material, nossas condições

[9] Destaco duas revisões importantes: CAMBI, Franco, *História da pedagogia*, pp. 218-9, e CARVALHO, M. M. C., "A configuração da historiografia educacional brasileira", *apud* De Rossi, 2003.

de trabalho. Dados bastante atuais demonstram que, além das múltiplas responsabilidades e funções transferidas pelo Estado ao supervisor de ensino, ao diretor de escola, ao assistente de diretor de escola, ao coordenador pedagógico, ao vice-diretor e ao professor-coordenador, suas jornadas de trabalho diárias ultrapassam o tempo de oito horas previsto pela legislação vigente, sem falar da complicada situação salarial[10].

Apesar das lutas e conquistas essenciais dos inúmeros movimentos sindicais, das associações do magistério, dos fóruns de educação por todo o País, ainda são poucas as possibilidades de intervenções diretas de educadores nas políticas públicas sociais, sempre reprojetadas por diferentes governos, em nome dos interesses comuns. Isso quer dizer que a conquista da escola democrática, dos direitos sociais, da (auto)emancipação ainda está distante.

Foram necessários vários estudos e várias estratégias político-afetivas para "justificar" a seleção e a exclusão social, bem como manter vivo o inconcluso projeto político e pedagógico. Aquele que desde o século XVIII visava a escola pública, laica, gratuita, democrática e para todos, e

[10] O salário-base inicial (suporte pedagógico) do diretor de escola do estado de São Paulo, por uma jornada semanal de quarenta horas, é de R$ 1.249,50; o do supervisor de ensino é de R$ 1.373,40 (Udemo, *Jornal Diretor*, 2004).

que não foi implementado pelas políticas públicas sociais (educacionais). Boa parte dos sentimentos confusos e hostis de hoje, que se tornam mais visíveis nas reuniões coletivas dos "projetos" das escolas, dirigem-se ao Projeto-fantasma que se transformou em símbolo da modernidade.

A gestão da escola, articulada à moda da "metodologia de projetos" fragmentados por escola e ao sistema de avaliação vigente, impulsiona a competição entre educadores, ao mesmo tempo que tenta justificar a competitividade individual e a "ação coletiva" inspirada no mundo das organizações empresariais. Os conflitos ficam restritos aos desentendimentos interpessoais, enquanto os interesses divergentes e as assimetrias do poder são desconsiderados.

Quando privados de sua individualidade, os educadores acusam-se daquilo de que são vítimas, criticam-se como são criticados, julgam-se com o olhar apenas externo de quem os julga. Quando participam do jogo de seduções pessoais, o mal-estar fica muito mais complicado. Os subgrupos (de escolas, de departamentos, de jogo, de esportes etc.) forçam a imitação coletiva e o êxito individual politicamente útil aos grupos de controle social.

Os desastres ficam por conta do conformismo, da submissão, da passividade e das tiranias das "lealdades coletivas" doentias de subgrupos, que excluem o(s) outro(s) e tornam-se critérios de criatividade. Educadores cedem, por vezes, às pressões da produção, dos financiamentos externos, que rondam instituições escolares e universitárias.

O próprio coração da teoria e da prática do liberalismo burguês, somado às disciplinas do cristianismo, relativizou a individualidade mortal concreta. À medida que os homens se retiram da participação nos assuntos políticos, a sociedade tende a regredir à barbárie que esmaga os vestígios da individualidade.

O mal-estar da modernidade é a forma contemporânea assumida pelo mal-estar da civilização (decifrado por Freud), no qual a confusão dos sentimentos e as hostilidades se dirigem ao modelo civilizatório, que dá seus contornos à modernidade — o projeto iluminista —, que visava à auto-emancipação da humanidade por meio de um conjunto de ideais e de valores consubstanciados em tendências como racionalismo, individualismo e universalismo (Rouanet, 1993, pp. 96-7).

Gramsci nos ensinou a ver a cultura como organização, como disciplina do eu interior, como tomada de posse da própria personalidade, para compreender o valor histórico, o valor da vida, o valor dos direitos e dos deveres. Mais recentemente, estudiosos da cultura da escola nos ensinaram que a escola abriga tensões dialéticas entre o controle do Estado e seus modos próprios de regulação e de transgressão (de emancipação).

Na verdade, conta muito se percebemos a escola como lócus da (re)produção de leis, comportamentos, habilidades, orientações e regras. Conta muito mais se percebermos a gestão do PPP inserido na cultura da escola e a formação intelectual dos cidadãos como sua justificação última. Entretanto, é fundamental combater o mito da centralidade política e social da educação no desenvolvimento da sociedade, do cidadão e do indivíduo autônomo. Mito (re)criado pelos mesmos músicos, anteriormente citados, que afinam o diapasão.

Quando os educadores selecionam interesses comuns, a contribuição da escola–comunidade com o processo democrático mais amplo faz sentido. A reunião de memórias com mentes argutas pode desvendar mistérios ocultos do passado e trazer sugestões futuras. Como já foi mostrado, diferente da proposta fragmentada por escola, outorgada pela atual LDB, os PPP emancipadores mais bem-sucedidos mantiveram-se entrelaçados aos movimentos sociais, sindicais e acadêmicos. Uma longa história política confirmou a confiança que temos na democracia e na lei, para arrefecer tensões provocadas por emoções individualistas cegas e rentáveis e superar hostilidades emocionais pela discussão, pelas concessões, pela tolerância coletiva. E tem mais.

Nem todos os educadores perderam suas singularidades, nem todos assimilaram a completa coletivização. Todavia, de maneira mais plena, as individualidades só podem emergir numa era menos ideológica e mais humana (Horkheimer, 1976). As qualidades que mais admiramos nas pessoas, tais como a individualidade, a identidade, a espontaneidade e o senso de justiça, são características tão pessoais quanto sociais.

Um leve sopro final.

Quando somos como existimos e agimos, somos eternos. O conhecimento é pensar com alegria e contentamento, é aumento de perfeição e realidade. A verdade se inicia em nós porque nasce no interior dos afetos. O amor intelectual chama-se liberdade e felicidade. A coragem dos educadores (e do povo) será medida por sua esperança na cidadania, e sua luta será entre duas paixões contrárias: fuga da morte e desejo da vida (Chauí, 1987, pp. 51-75).

4. PISTAS

1. Além das sugestões apresentadas nos capítulos anteriores, é fundamental conhecer as *Revistas do Projeto Pedagógico* elaboradas pela Udemo[11], que trazem sugestões claras para a elaboração do PPP, do planejamento escolar, do plano de escola, com um rol de perguntas para realizar um diagnóstico da escola: "O que funcionou e o que não funcionou no ano anterior quanto ao planejado? Como conceituar o trabalho coletivo? Como trabalhar o coletivo? Como elevar o nível de aprendizagem?". Há, também, metas do ponto de vista (in)formativo: os fundamentos da aprendizagem; a introjeção dos conceitos de cidadania, solidariedade, companheirismo, respeito pelo patrimônio público; e dicas para a avaliação permanente do projeto.

---

[11] Endereço eletrônico: udemo@udemo.org.br; site: www.udemo.org.br

2. O caráter educativo das pequenas e das grandes reuniões coletivas escola–comunidade — APM, Conselho de Escola, Orçamento Participativo e outras — — não pode ser desperdiçado, pois, como já foi apresentado, trata-se de um excelente momento para o colegiado maturar, registrar e refletir sobre suas experiências; averiguar as potencialidades individuais e coletivas; para administrar conflitos de valores; selecionar interesses comuns com a comunidade escolar; planejar e encaminhar, com mais serenidade, o processo decisório democrático essencial à conquista dos direitos dos cidadãos.

É bom lembrar que esse aprendizado está em curso nas escolas que temos. Consultas realizadas pela Confederação Nacional dos Trabalhadores em Educação (CNTE), em escolas públicas municipais e estaduais de todo o País, sistematizadas no dossiê *Retrato da escola*, revelam que a gestão da escola é um campo de disputas e de implementação de PPPs, com fortes referências aos processos democráticos, embora permaneça o autoritarismo. Há resultados positivos em relação aos índices de aprovação, de permanência do aluno na escola, em virtude da participação dos pais; 30% das escolas públicas estaduais brasileiras contam com Conselhos Escolares; o processo de escolha de diretores vem sendo democratizado; há efeitos positivos na superação da violência externa sofrida pelas escolas (Melo, 2001, p. 243).

3. Não podemos esquecer o abismo que se abre entre a realidade e os princípios, quando as interpretações das leis e dos fatos são dirigidas pelo cálculo dos reformadores. É importante deixar disponíveis, para consulta da gestão colegiada, referências bibliográficas atualizadas sobre as questões mais candentes, bem como os textos legais mais importantes: Constituição Federal, PNE, Programas da Secretaria de Estado e do Município, Normas do Conselho Nacional (do Estadual e do Municipal) de Educação etc. É fundamental manter a desconfiança atenta não só nos textos legais, mas também em todos os documentos (re)produzidos, saber as intenções de quem os produziu, averiguar suas credenciais e exercitar a arte de contrapor pontos de vista diferentes, para chegar mais perto das verdades e das possibilidades, antes de tomar qualquer decisão.

4. Apesar dos poderes e contrapoderes, na verdade conta muito se mantivermos nossas convicções em estado fluido. Conta muito o jeito de enfrentar desafios que cada escola vai adquirindo lentamente, silenciosamente, anonimamente nos hábitos, no modo de fazer, de pensar, de sentir, de valorar, de assegurar interesses comuns.

A matéria-prima pode ser buscada no interior da própria escola. Caso existam educadores presentes que já vivenciaram o processo da gestão colegiada na construção de projetos pedagógicos alternativos, seria bom convidá-los a fazer um relato dos seus limites e das suas possibilidades, depois analisar e comparar estes relatos utilizando também a literatura sobre o tema, para evitar cair nos mesmos erros de sempre.

"Muitas suspeitas" e dúvidas despontam no cotidiano da escola onde as grandes questões do sistema educativo se fazem presentes. Vou apresentar algumas delas, na esperança de contribuir com o debate. Mesmo sabendo que não há respostas imediatas, penso que não podemos abrir mão da avaliação das políticas educacionais, nem da produção nem da crítica do conhecimento como parte integrante de nossa formação profissional. A intensa paixão pelo conhecimento é realista e também reivindica a utopia.

1. Quem está disposto a transformar, como disse Paulo Freire, as dificuldades em possibilidades educativas?

2. Qual a opção dos educadores: PPP emancipador ou PPP regulador? Quais as diferenças entre eles? Caso a opção seja pelo primeiro, podemos continuar sem susto.

3. Quais os educadores dispostos a lutar coletivamente contra preconceitos raciais, contra desigualdades e discriminações sociais de todo tipo, para enfrentar o desafio da aprendizagem humana das distintas expressões culturais? Afinal, quais os grandes ideais emancipadores que serão mantidos como meta final?

4. Qual a função social da escola hoje? Qual o papel da escola e qual o papel do Estado? As soluções projetadas pelas três esferas de poder contribuem para diminuir ou para aumentar as injustiças sociais que tanto nos envergonham?

5. Será que quem já leu os PCNs sabe o que quer dizer "pedagogia das competências"?

6. Quais as teorias que informam as políticas de avaliação em curso no País? Qual sua relação com a exclusão social?

7. Quem está disposto a defender a escola pública? Que tipo de instituições públicas queremos? Qual o significado de escola pública? Por quem e por que seu sentido foi alterado na década de 1990?

8. De onde vêm os recursos da escola? Quem financia o sistema público de ensino? Existe relação entre os projetos políticos do Banco Mundial e os projetos pedagógicos das escolas públicas? Por que o princípio da gratuidade não garante mais o sentido público de uma instituição?

9. Como explicar que nos últimos anos os indicadores da educação melhoraram e o desemprego aumentou?

10. Quais outras questões poderiam ser feitas pelo colegiado escola–comunidade?

BIBLIOGRAFIA

ALVAREZ, M. e outros. *El proyeto educativo de la instituición escolar.* Espanha, Cofás, 2000.

ANSART, P. "História e memória dos ressentimentos". In: BRECIANI, S. & NAXARA, M. (orgs.) *Memória e ressentimento.* Campinas, Unicamp, 2001.

BOTO, C. "A civilização escolar como projeto político e pedagógico da modernidade: cultura em classes por escrito". In: DE ROSSI, V. L. S. (org.) *Arte & manhas dos projetos políticos e pedagógicos.* Campinas, Cadernos Cedes, dez. 2003b.

________. *A escola do homem novo: entre o Iluminismo e a Revolução Francesa.* São Paulo, Unesp, 1996.

________. "Na Revolução Francesa, os princípios democráticos da escola pública, laica e gratuita: o relatório de Condorcet". *Revista Educação e Sociedade*, Campinas, Cedes, nº 84, dez. 2003a.

BURGOS, N. E. & PENA, C. *El proyeto institucional*. Buenos Aires, Colihue, 1997.

CAMBI, F. *História da pedagogia*. São Paulo, Unesp, 1999.

COSTA, J. A. "Projetos educativos das escolas: um contributo para sua construção". *Revista Educação e Sociedade*, Campinas, Cedes, nº 85, 2003.

CHAUÍ, M. *Cultura e democracia*. São Paulo, Cortez, 1989.

_______. "Sobre o medo". In: CARDOSO, S. e outros. *Os sentidos da paixão*. São Paulo, Cia. das Letras, 1987.

CHARTIER, R. *A história cultural*. Rio de Janeiro, Bertrand, 1990.

DE CERTEAU, M. *A cultura no plural*. São Paulo, Papirus, 1995.

DE ROSSI, V. L. S. "A gestão do currículo no tempo flexível". In: PACHECO, J. A. e outros. *Políticas curriculares: caminhos da flexibilização*. Braga, Portugal, Minho, 2000.

_______. "Desafio à escola pública: tomar em suas mão seu próprio destino". In: HOFLING, E. (org.) *Políticas públicas e educação*. Campinas, Cadernos Cedes, nº 55, 2001.

________. "Projetos político-pedagógicos emancipadores: histórias ao contrário". In: DE ROSSI, V. L. S. (org.) *Arte & manhas dos projetos políticos e pedagógicos.* Campinas, Cadernos Cedes, nº 61, dez. 2003.

ENGUITA, M. *A face oculta da escola: educação e trabalho no capitalismo.* Porto Alegre, Artes Médicas, 1989.

FARIA, L. M. F. *República, trabalho e educação.* Bragança Paulista, Cedahp, 2001.

FELDFEBER, M. "La redefinición del espacio público: el caso de lãs escuelas autogestinadas em Argentina". *Revista Educação e Sociedade.* Campinas, Cadernos Cedes, nº 84, 2003.

FERREIRA, N. S. C. "Gestão democrática da educação: ressignificando conceitos e possibilidades". In: FERREIRA & AGUIAR, M. A. (orgs.) *Gestão da educação.* São Paulo, Cortez, 2001.

FONSECA, M. "A gestão da educação básica na ótica da cooperação internacional". In: VEIGA & FONSECA (orgs.) *As dimensões do PPP.* Campinas, Papirus, 2001.

________. "Projeto político-pedagógico e o PDE: duas concepções antagônicas de gestão escolar". In:

DE ROSSI, V. L. S. (org.) "*Arte & manhas dos projetos políticos e pedagógicos*". Campinas, Cadernos Cedes, nº 61, 2003.

FORQUIN, J. C. *Escola e cultura: bases epistemológicas do conhecimento escolar*. Porto Alegre, Artes Médicas, 1993.

GOERGEN, P. "Educação Moral: adestramento ou reflexão comunicativa?"*Revista Educação e Sociedade.* Campinas, Cadernos Cedes, nº 76, 2001.

GOMES, A. I. P. "La función educativa de la escuela pública". In: SACRISTÁN (org.) *Los retos de la esenãnza pública.* Madri, Akal, 2002.

GRAMSCI, A. *Os intelectuais e a organização da cultura.* Rio de Janeiro, Civilização Brasileira, 1989.

HOFLING, E. "Estado e políticas públicas sociais". In: HOFLING (org.) *Políticas públicas e educação.* Campinas, Cadernos Cedes, nº 55, 2001.

HORKHEIMER, M. *O eclipse da razão.* Rio de Janeiro, Labor do Brasil, 1976.

KUENZER, A. Z. "As mudanças no mundo do trabalho e educação: desafios para a gestão". In: FERREIRA, N. S. C. (org.) *Gestão democrática da educação.* São Paulo, Cortez, 1998.

LE GOFF. *Os intelectuais na Idade Média.* São Paulo, Brasiliense, 1989.

LIBÂNEO, J. C. *Organização e gestão da escola.* Goiânia, Alternativa, 2001.

LIMA, L. L. *A escola como organização educativa.* São Paulo, Cortez, 2001.

MELO, M. T. L. "Gestão educacional: os desafios do cotidiano escolar". In: FERREIRA, & AGUIAR, M. A. (orgs.) *Gestão da Educação.* São Paulo, Cortez, 2001.

NORONHA, O. *História da educação: origens do pensamento utilitarista.* Campinas, Alínea, 1998.

OZGA, J. *Investigação sobre políticas educativas.* Porto/Portugal, Porto Editora, 2000.

PADILHA, P. R. *Planejamento dialógico: o PPP da escola.* São Paulo, Cortez, 2002.

PARO, V. H. *Administração escolar.* 7. ed. São Paulo, Cortez, 1996.

REVISTA DO PROJETO PEDAGÓGICO. São Paulo, Udemo, 2003.

ROUANET, S. P. *Mal-estar na modernidade.* São Paulo, Cia. das Letras, 1993.

SACRISTÁN, J. G. *Los retos de la enseñanza pública.* Madri, Akal, 2001.

SEBORRAJA, J. C. "El profesorado y inovación educativa". In: SACRISTÁN, J. G. (org.) *Los retos de la enseñanza pública*, Akal, Madri, 2001.

SENNETT, R. *O declínio do homem público: tiranias da intimidade*. São Paulo, Cia. das Letras, 1988.

SILVA, M. A. *Intervenção e consentimento*. Autores Associados, 2002.

SOARES, R. D. *Gramsci, o Estado e a escola*. Unijuí, 2000.

SWARTZMAN e outros. *Tempos de Capanema*. São Paulo, Edusp, 1984.

TEIXEIRA, L. H. G. "Políticas públicas de educação e mudança nas escolas: cultura escolar". In: OLIVEIRA, D. & DUARTE, M. R. T. (orgs.) *Política e trabalho na escola*. Belo Horizonte, Autêntica, 1999.

TRAGTEMBERG, M. "A escola como organização complexa". In: *Educação brasileira contemporânea*. São Paulo, McGraw-Hill, 1978.

VEIGA, I. P. A. "Projeto político e pedagógico da escola: uma construção coletiva". In: VEIGA, I. P. A. (org.) *PPP: uma construção possível*. Campinas, Papirus, 1999.

__________. "Projeto político-pedagógico: novas trilhas para a escola". In: FONSECA & VEIGA (orgs.) *As dimensões do PPP.* Campinas, Papirus, 2001.

WITTMANN, L. C. & GRACINDO, R. V. (orgs.) *O estado da arte em política e gestão da educação no Brasil.* Autores Associados, 2001.

WHITTY, G e outros. *La escuela, el estado y el mercado.* Madri, Morata, 1999.